Puissance de l'hybridation : Partageons nos expériences terrain en Management de Projet

Cascades et tourbillons dans la vraie vie

1ère édition - Décembre 2023

PM Project
Management
Institute.
France

Histoire du manuscrit et de sa conception

Le 6 février 2014, Stéphane DEROUIN (responsable du **« Lab Hybrid »**) présentait pour la première fois « officiellement » la thématique de l'hybridation des modes projets dans une école d'ingénieur, l'ENSAM de Cluny. Sa conférence s'intitulait : « Management de projet vers une nouvelle approche hybride : Waterfall vs. Agile-Scrum ».

Depuis 2014, pour faire émerger ce sujet, nous avons collectivement et individuellement mené de nombreuses initiatives dans nos réseaux professionnels, et des expériences avec des clients pionniers.

Persévérant dans notre démarche, renforcés par la publication du PMBOK® Guide Septième Edition, en août 2021, avec une approche totalement renouvelée intégrant en particulier le « tailoring », nous avons décidé de lancer une initiative avec des professionnels expérimentés en management de projets en France, et de créer un groupe intitulé **« Lab Hybrid »**.

Avec le soutien du Président du PMI France d'alors, Ricardo NACIFF, nous avons réuni, à partir de septembre 2021, une équipe plurielle, constituée d'une trentaine de personnes issues de tous les secteurs d'activités, certains plus rompus aux méthodes traditionnelles, d'autres plus Agilistes, avec pour objectif de créer un « guide de bonnes pratiques hybrides ».

Voici donc le produit de notre travail collectif.

Table des matières

Dédicace

- Poème d'Antonio MACHADO

Ce manuscrit est dédié à chaque chef de projet qui s'efforce quotidiennement de transformer des idées en actions et de faire en sorte que « ça » se produise dans la vraie vie… Le projet est un chemin, le projet est le chemin, et « le chemin se fait en marchant » !

Voyageur, le chemin
C'est les traces de tes pas
C'est tout ; voyageur,
il n'y a pas de chemin,
Le chemin se fait en marchant.

-Antonio Machado

Chère Lectrice, Cher Lecteur,

Si le management de projet vous passionne et que vous souhaitez contribuer à notre aventure « **Lab Hybrid** », contactez l'équipe : https://pmi-france.org/Lab-Hybrid

Remerciements

Nous souhaitons reconnaitre l'effort collectif dont ce manuscrit est le fruit. Que l'ensemble des membres du « **Lab Hybrid** » ayant participé à ce travail, le PMI France et son Vice Président Ricardo NACIFF, ainsi que Stéphane DEROUIN, son initiateur, en soient ici remerciés.

Un merci tout particulier à :

Estelle REMONDEAU (I3-CRG, CNRS, ÉCOLE POLYTECHNIQUE, INSTITUT POLYTECHNIQUE DE PARIS, France) pour son aide et la présentation de ses recherches : ***"Is Agile development transferable to complex physical products development projects in industrial context? A comparative case study"***.

et

Jean-Luc FAVROT (Membre de PMI France - VP Branche Horizon - ayant contribué à la rédaction du PMBOK® Guide Seventh Edition) pour ses remarques et sa relecture finale.

A propos des auteurs

Les personnes suivantes sont membres, contributeurs de texte ou de concept, de l'équipe centrale du projet « *Lab Hybrid* » chargée de rédiger le document, y compris de réviser et d'arbitrer les recommandations pour améliorer son contenu.

Qui	Information	Photo
Delphine FALCOZ	Forte de son expérience industrielle internationale de plus de quinze ans, Delphine a créé la société Supp-Projects en 2019. Consultante et formatrice en gestion de projets, et cheffe de projet externalisée, Delphine est certifiée PMI® (PMP - 2011 et Agile Hybrid Project Pro - 2022), Scrum.org (PSM et PSPO - 2022), et auteure du livre « 60 minutes pour Maîtriser les délais de vos projets » aux éditions Gereso.	
Fernando MARI	Cofondateur d'IKIDO, société spécialisée dans l'intégration d'ERP, Fernando a plus de vingt ans d'expérience dans le secteur des TI, notamment dans des éditeurs et intégrateurs de logiciel (SIRH et ERP) en tant que directeur de projet. De formation ingénieur en informatique, certifié PMP depuis 2017, ayant une culture internationale, il a actuellement une double casquette de dirigeant de société, et de responsable projets d'intégration d'ERP Sage X3.	
François BUREAU	Coach Agile – Ingénieur agronome, spécialiste des approches en univers complexes et changeants. Fondateur, créateur, administrateur, contributeur, coordinateur des sites « Agile Coaching University » et « A l'Ecole de la V.I.E. ». Vulgarisateur et conférencier sur l'agilité à l'échelle et ses principaux frameworks. Membre du PMI, certifié PMP, PMI-ACP, PMI-RMP, DASM, SAFe SPC, PSM, PSD, PSK, PRINCE2, AgilePM, ITIL. Membre du collectif « Accompagnement solidaire » et passionné de rugby.	
Gaël DAVID	Ingénieur passionné de projets, Gaël a travaillé 20 ans sur des projets industriels de différentes tailles en France et à l'international, expérimentant également la gestion de portefeuille, la coordination de chefs de projet et le mentorat. Il transmet cette passion en formant des élèves ingénieurs, axant ses interventions sur les méthodologies de conduite de projet et la gestion de l'humain comme vecteurs de changement des organisations. En 2018, il rejoint PMI pour faire reconnaître le métier de chef de projet, et s'enrichir de l'échange avec ses pairs.	

Guénolé SAUREL

Ingénieur en informatique, Guénolé travaille dans la gestion de projet et les télécoms depuis 20 ans. Certifié PMP, il a piloté des projets et programmes pour les grands clients d'Orange Business Services. Également formateur interne en méthodologie de projet Waterfall, il accompagne aujourd'hui la transition des métiers opérationnels (hors SI) de l'opérateur vers l'agilité et l'hybridation.

Hélène TERRIER

Hélène apporte son savoir-faire en management de projet Métiers, AMOA, et IT, pour faciliter la transformation et l'organisation. Elle s'appuie sur sa pratique dans les services et l'industrie, tant en France qu'à l'international, au sein de groupes, d'ETI, PME, pour fournir des compétences façonnées en 20 ans d'expérience dans les secteurs du retail, de la supply chain, et de l'industrie, au service de fonctions transverses ou de processus spécifiques. Engagée à générer de la valeur, son approche proactive équilibre performance et durabilité.

Isabelle ICORD

Ingénieure en microélectronique, Isabelle a géré des projets de développement pour de grands groupes français et américains, sur les marchés automobiles américain et japonais, ainsi qu'en Europe dans le secteur industriel, militaire et aérospatial. Elle travaille à la promotion et à la mise en œuvre de la chaîne critique à travers son entreprise, Pro CC. Consultante certifiée SMPP (Système de Management du Portefeuille de Projets), auteure du livre « Critical Chain in Practice » et d'un programme complet de formation vidéo en ligne, Boost Project System, elle donne des cours et des conférences.

Marylène LAFON

Diplômée MBA de l'Université of South Alabama, USA, Marylène a plus de 20 ans d'expérience en tant que manager d'entités, et d'équipes opérationnelles, en transformation des SI et innovation digitale. Elle a été PMO leader, puis responsable Business et Opérations du contrat d'IBM Global Services pour Michelin au niveau mondial pendant 10 ans. Consultante et formatrice en Management et Projets, certifiée PMP depuis 2001, professeure affiliée à l'ESC Clermont depuis 2011, Marylène a fondé en 2022 la société blubeige de conseil et formation en management.

Mathieu STOLTZ

Ingénieur de formation, avec 26 ans d'expérience internationale dans le secteur de l'énergie sur des chantiers et centres d'ingénierie, Mathieu est actuellement Directeur de la Construction (EPCI). Il a occupé de nombreux postes de gestion de projets au cours des 17 dernières années, couvrant tous types d'installations onshore et offshore en phase de conception, de développement et de mise en œuvre. Mentor de programmes de développement du leadership de projet, il a remporté trois prix d'innovation d'entreprise liés à la dynamique d'équipe et à l'épanouissement individuel au sein de projets.

Michael SANCHEZ	Fondateur de MS Consulting, société spécialisée dans la direction de projets à forte composante digitale, Michaël a travaillé depuis plus de 20 ans pour des clients de toutes tailles, que ce soient des institutions internationales ou des start-ups de quelques personnes, dans des domaines variés, aussi bien industriels, bancaires, militaires ou gouvernementaux. Michaël a des certifications PMI, Scrum.org et Axelos.
Noémie VILLARD	À la suite d'une expérience en tant qu'ingénieure système, Noémie a évolué vers la gestion de projet dans les dispositifs médicaux au sein d'un grand groupe international en 2017. Depuis 2021, elle a rejoint Merck Science and Lab Solution en tant que PMO. Noémie est ingénieure diplômée en ingénierie médical à Phelma (Grenoble INP) et KTH (Suède). Elle pratique la natation synchronisée depuis plus de 20 ans.
Pascal BERAMIS	Ingénieur de formation, Pascal officie en tant que Change Manager et consultant formateur en Management et Projets depuis 2012 (fondateur dirigeant de BPE). Son leitmotiv est : Faire du changement un élément de différenciation et de performance durable.
Stéphane DEROUIN	Directeur d'activité chez SCALIAN S&T, spécialiste du management de portefeuille et de l'hybridation, Stéphane dirige des missions de conseil et anime des formations, dans tous les secteurs d'activités. En 1995, il est l'un des sept fondateurs du PMI en France, ex-Président du PMI® Chapitre Français, membre du Conseil de Surveillance, et Responsable « Lab Hybrid ». Certifié Agile Project Management - AgilePM® de APMG International. Depuis 2018, il est enseignant et tuteur Agile MSc® International Project Management de l'ESCP.
Stéphane ROUSSEAU	Ingénieur de formation, certifié PMP et spécialisé dans la transformation des organisations, Stéphane a plus de 20 ans d'expérience terrain dans la gestion de projets en milieu industriel. Il a récemment déployé une méthodologie de gestion de projet hybride dans un environnement où la nature même des activités imposait l'hybridation, c'est-à-dire au croisement des ingénieries logicielles, électroniques, mécaniques, ainsi que de tous les métiers liés à l'industrialisation de nouveaux produits (fabrication, test, méthodes, qualité). Au cœur de la réussite des projets : vision, confiance et engagement collectif.

Nota Bene :

Les contributeurs ont puisé leur inspiration de leur vie professionnelle, chacun ne parle qu'en son nom propre, et nous tenons à préciser qu'aucune des entreprises clientes ou employeurs des co-auteurs ne peuvent être impliqués par le contenu de ce document.

Les images illustrant ce document ont été créées avec l'aide de Microsoft Bing et de l'outil d'IA Générative : DALL-E d'open.ai.

Enfin, au-delà de ces membres du « Lab Hybrid » ayant rédigé du contenu, nous tenons à remercier toutes les personnes qui ont apporté leur contribution par leur relecture, leurs commentaires, ou leur participation à différents moments de la réflexion collective au sein du « *Lab Hybrid* ».

Voici leur nom par ordre alphabétique : Stéphane ABIVEN, Cécile ALLAIRE, Claudine BLANQUIER, Fabrice GILLET, Jérôme GUERS, Benoit GUILLET, Maixent HOUENOU-HOUNSINOU, Jean-Yves KLEIN, Cédric MATIONGO, Michel VERDUN.

Avec la parution de ce manuscrit, nous sommes heureux également d'accueillir Cécilia DOMRANE pour l'animation de notre communauté, et la suite de cette fabuleuse aventure.

Préface

En tant que CEO du Project Management Institute, je suis un témoin privilégié de l'évolution constante de notre profession dans le monde, de la nécessité d'adopter de nouvelles approches, de dépasser les oppositions stériles, pour relever les immenses défis qui se posent à nous.

Président Directeur Général de PMI Monde
https://www.linkedin.com/in/pierre-le-manh-3a4158/

Avec cette préface, j'ai le grand plaisir d'introduire une très belle initiative du chapitre PMI France : un guide pratique sur le management de projet hybride. C'est une approche novatrice et essentielle pour nos membres.

En effet, nous avons de plus en plus de projets à conduire dans un monde qui nécessite une constante adaptation, et la complexité de ces projets continue d'augmenter. La question n'est pas de savoir si les projets sont menés de manière planifiée ou agile, mais plutôt s'ils aboutissent à des succès.

Je suis fier de soutenir cette initiative qui contribuera à l'évolution continue de notre profession. Au PMI, nous croyons fermement que le "Full Blend Project Management" est une étape cruciale vers l'amélioration de nos pratiques et vers la garantie d'obtenir les résultats attendus.

Je vous encourage à explorer les pages de ce guide, en particulier les situations concrètes qui y sont présentées, à en tirer des enseignements concrets et à les appliquer dans votre propre pratique. Que vous soyez un professionnel chevronné du management de projet ou que vous débutiez dans ce domaine, le "Full Blend Project Management" a le potentiel de transformer la manière dont vous managez vos projets. Toutefois, ce guide n'est qu'un premier pas d'un travail collectif dont la vocation est d'être étendu et nourri de nouvelles expériences et situations. Nous avons besoin de vous.

Bonne lecture et venez partager vos "Full Blend Projects" !

1. Principes fondateurs

Le mode Agile, historiquement lié au développement logiciel, est associé aux systèmes d'information. Alors, quelle est sa pertinence au-delà, pour les industriels, et pour les métiers de nos entreprises ?

La problématique hybride était donc à l'origine essentiellement celle-ci : comment diffuser Agile dans le monde projet traditionnel, et disposer de critères de sélection pour déterminer au niveau du portefeuille de projets, la bonne méthode (Waterfall ou Agile), pour chacun des projets le composant. La question du mélange des deux modes, de l'hybridation au sein d'un même projet, des méthodes, outils et techniques issus des deux mondes n'était pas encore réellement posée.

Opposer les deux visions (Waterfall et Agile) n'est pas pertinent, elles sont complémentaires : les faire converger, et les associer, est devenu un impératif.

La capacité à maîtriser et mobiliser les différentes approches – Waterfall, Agile, Agile à l'échelle et Hybride – est une nécessité. En amont des projets, au niveau de la demande, choisir la bonne approche est essentiel ; au sein d'un même projet mélanger l'utilisation d'outils et techniques issus du mode Waterfall et Agile, et d'hybrider, est un atout majeur pour réaliser les bénéfices attendus.

Convaincus de l'intérêt d'adopter cette nouvelle approche, nous pouvons l'illustrer de modèles issus de l'histoire de la musique : classique vs jazz, irruption du rock'n'roll, et ce qu'ils peuvent nous enseigner dans notre monde projet en pleine transformation.

- La question des forces et des limites des modes Waterfall et Agile

Le mode Waterfall

En termes de vocabulaire, le mode Waterfall (en cascade) peut être aussi nommé cycle en V, W, classique, traditionnel, prédictif, planiste.

Par analogie, nous pouvons comparer l'approche Waterfall à l'orchestre symphonique : 80 musiciens, un chef d'orchestre. Chacun a reçu une formation musicale solide, ils disposent d'une partition spécifique correspondant à leur rôle respectif, par exemple le premier violon, le deuxième violoncelle, etc. Il n'y a pas de surprise pour l'audience, ni pour les musiciens, l'œuvre annoncée avant le concert sera jouée en respectant scrupuleusement la partition et ses indications. La plupart du temps, seul le chef d'orchestre et l'orchestre sont connus par le public.

Cette approche prédictive est fondée sur un raisonnement déductif. Une déduction est une inférence dans laquelle, si les prémisses sont vraies, la conclusion est nécessairement vraie. La déduction fait passer de la vérité des prémisses à la vérité de la conclusion. La limite avec cette démarche, c'est qu'elle peut être mécaniste, parfois même statique, marquée par une culture des processus, avec des entrées (inputs) et des sorties (outputs) définies. En clair, si lors de l'initialisation du projet son périmètre est parfaitement décrit et stable, nous pouvons en déduire un plan détaillé et fiable à mettre en œuvre pour le réaliser, dont par exemple la fixation d'un organigramme des tâches exhaustif.

La difficulté à laquelle nous faisons face dans notre monde projet, c'est que les conditions initiales (les besoins, les fonctionnalités, les objectifs) peuvent changer tout au long du projet, ce qui implique d'actualiser le périmètre et le plan du projet en continu. Malheureusement la lourdeur dans la gestion des modifications et une forme de rigidité de l'approche cycle en V, ne permettent pas toujours une actualisation dynamique. Nous sommes alors victimes du fameux effet tunnel.

Pour certains projets, nous devons utiliser une approche globale déductive, pour ne pas s'enfermer dans le seul champ de l'expérience immédiate, nous devons les comprendre et les saisir dans leur entièreté ainsi que leurs dépendances, et les représenter précisément de façon architecturée, notamment dans des feuilles de route. C'est typiquement une des forces de l'approche projet classique.

Enfin, dans l'approche traditionnelle du management de projet, il y a un chef de projet et une gouvernance projet contrôlante et très structurée.

Le mode Agile

En termes de vocabulaire, le mode Agile peut être nommé empirique, adaptatif, itératif et incrémental. Il existe de nombreuses approches Agile, mais elles partagent le même socle de valeurs et de principes (cf. « Le Manifeste Agile pour le développement logiciel » publié en février 2001). Les Agilistes considèrent qu'Agile n'est pas une méthode, mais un état d'esprit et un cadre de travail.

Par analogie, nous pouvons comparer l'approche Agile à une formation de jazz moderne, comme celle de Miles DAVIS : le groupe est constitué de trois à huit musiciens, qui sont chacun des virtuoses de leur instrument. Il n'y a plus de partitions, mais des grilles d'accords. La grille fournit un cadre aux musiciens qui leur permet de disposer d'une référence commune, en particulier pour improviser. Le morceau joué, souvent un standard de la musique populaire, laisse place à l'improvisation pour chacun des musiciens qui interagissent dynamiquement entre eux et avec le public. L'audience vient écouter un groupe de musiciens, où chacun est connu par le public, et chaque soir le même morceau peut prendre des formes et obtenir des « performances » différentes.

Du point de vue traditionnel, nous pouvons croire, à tort, que le péché originel du mode Agile est de venir du développement logiciel, et de ne concerner que les projets en systèmes d'information, pour de petites équipes. Cependant, là n'est pas la véritable limite de cette approche, des réponses ont déjà été apportées avec l'Agile à l'échelle. La diffusion d'Agile dans tous les secteurs d'activité démontre son effectivité, et son applicabilité en dehors des systèmes d'information.

Les véritables limites d'Agile sont structurelles, conceptuelles, avec la philosophie qui est à sa source et le nourrit : l'empirisme.

L'empirisme considère que la connaissance se fonde sur l'accumulation d'observations et de faits mesurables, dont nous pouvons extraire des lois générales par un raisonnement inductif, allant par conséquent du concret à l'abstrait, l'expérience sensible étant à l'origine de toute connaissance ou croyance.

Emmanuel KANT dans *Critique de la raison pure* a rendu grâce à David HUME, pilier de l'empirisme, de l'avoir réveillé de son « sommeil dogmatique ». La raison et la logique formelle seules ne peuvent nous permettre de saisir le réel dans son entièreté, sa volatilité et sa complexité, l'intégration de l'expérience est nécessaire pour l'appréhender de façon effective.

Nous pouvons remercier le mode Agile de nous avoir fait évoluer dans le management de nos projets. Cependant, si nous voulons réaliser un produit ou mener un projet à partir de l'expérience seule, d'essais-erreurs, et de blocs d'incréments, une grande partie de leur réalité peut nous échapper, telle la dimension portefeuille, ou des dépendances avec d'autres projets, des risques globaux ou extrinsèques.

Le tâtonnement par essais et erreurs, la politique des petits pas, les itérations, la production d'incréments et l'induction, sont donc des modalités typiques du mode Agile. Elles sont très puissantes d'usage, elles permettent en particulier de gérer les changements en continu et de faire évoluer le périmètre (Backlog) de son projet/produit tout au long de son déroulement. En revanche, elles ne répondent pas à tous les cas de figure auxquels nous devons faire face, dans la complexité et la diversité des projets que nous menons.

Agile a eu des effets très positifs dans la diffusion de pratiques, et de techniques nouvelles qui n'étaient pas « Agile » en elles-mêmes. Pour autant, elles accompagnent sa mise-en-œuvre, telles : manager par la valeur, délivrer de la valeur, engager l'ensemble des parties prenantes dès l'amont du projet, faire du co-design, co-construire, utiliser le management visuel, appliquer l'approche « enough design up-front », etc. Ces pratiques peuvent être intégrées dans le mode Waterfall, il s'agirait ici d'une forme spécifique de l'hybridation.

Enfin, en particulier dans le cadre de travail Agile Scrum, il n'y a pas de chef de projet, mais un Product Owner et un Scrum Master (rôle appelé dans d'autres méthodes agiles : Itération Manager).

- Définir le mode hybride

Dans notre dialectique Waterfall-Agile, il y a la question centrale de la vision de l'organisation, en particulier : mode projet versus mode produit. Est-ce que ces termes s'opposent ? Non, ils sont complémentaires. Le produit, c'est le résultat, le projet c'est le chemin. Pour réussir, les deux sont indissociables.

Pour illustrer le propos, nous pouvons comparer le mode hybride au Rock'n'roll. Une musique populaire, parfois simple à jouer (telles les premières chansons des BEATLES), ou complexe (comme avec LED-ZEPPELIN), accessible pour le public, et à très forte diffusion. Les musiciens n'ont pas la nécessité d'être des virtuoses ou de savoir lire une partition pour jouer cette musique. L'audience vient écouter ce groupe et pas un autre, pour entendre leur répertoire. L'effet de surprise est limité pour le public : en concert, il ne connaît pas l'ordre des morceaux qui vont être joués, mais il connaît la plupart des chansons et veut les entendre. L'improvisation, au contraire du jazz, a peu de place dans un concert rock, mais le spectacle vivant permet une certaine liberté dans l'interprétation, sa mise en forme, et sa mise en scène. La plupart du temps, le groupe a la même « *set-list* » de chansons, qu'il joue dans les différentes salles de spectacle lors de sa tournée.

Après avoir posé les principes, les forces et limites des approches Waterfall et Agile, il s'agit désormais de proposer une nouvelle représentation. Celle-ci n'enferme pas et dépasse le dualisme qui opposerait les deux modes : induction-déduction, projet-produit, anciens-modernes.

Agile et Waterfall ne répondent pas à eux seuls, à la diversité des situations et des projets que nous devons mener.

Notre réponse c'est l'hybridation.

L'hybridation est un terme générique qui désigne **une multiplicité et une variabilité de situations**.

Comment mettre en œuvre l'hybridation dans notre monde projet ?

Comprenant les forces et limites de chaque approche, maîtrisant l'ensemble des concepts, techniques et outils qu'elles mettent à notre disposition, nous devons savoir les utiliser chacune à bon escient, ou bien les combiner, en fonction de la nature du travail à accomplir et de son environnement.

La part de l'une et de l'autre pouvant varier de 0 à 100 %, en fonction des produits et projets à mener, et des situations. Il en est de même pour la mobilisation des outils et techniques issus des deux modes.

Pour rappel, dans le PMBOK® Guide Septième Edition, le concept d'hybridation est introduit au niveau de l'approche de développement : prédictive, adaptative, hybride.

Le « sur-mesure » (concept du « *tailoring* ») a, quant à lui, un spectre plus large : cycle de vie et approche de développement, processus, engagement (des personnes), outils, techniques et artefacts, et plus généralement, gouvernance.

« Il n'existe pas une approche seule et unique à appliquer à tous les projets en tout temps » – PMBOK® Guide Septième Edition

- ### Guide de bonnes pratiques en hybridation

Notre vision du document : nous le voulons simple, pragmatique, utile et utilisable par le plus grand nombre. **Il est évolutif et devra être actualisé et enrichi régulièrement**. Il contient huit situations spécifiques pour illustrer la diversité des pratiques hybrides. Il n'est pas autoporteur, et demande au lecteur une connaissance suffisante du Waterfall et de l'Agile. Avec l'hybridation, nous vous proposons de nouveaux critères d'analyse, de nouvelles grilles de compréhension et de décision, au service de l'excellence opérationnelle. Il s'agit d'affirmer nos valeurs et principes, de bâtir un cadre, de définir des règles du jeu, des modalités d'exécution et de déploiement. Nous avons identifié trois axes, comme grille de lecture, pour analyser les différentes situations d'hybridation : gouvernance, cadre méthodologique, et dimension humaine. En effet, l'hybridation est une approche allant au-delà du cadre méthodologique incitant au mélange d'outils et de pratiques. Elle est multidimensionnelle et intègre également gouvernance et dimension humaine des projets.

Ces trois axes seront alimentés par huit situations pour illustrer les bénéfices de l'hybridation : les problématiques rencontrées et comment y répondre. Pourquoi le choix d'une approche hybride est pertinent ? Quels outils ou techniques issus des deux mondes peuvent-être mobilisés, et sous quelles modalités ?

Au-delà du guide lui-même, nous souhaitons mettre en place une **communauté de pratique projets hybrides** qui soutient l'acculturation et la diffusion de cette nouvelle approche, en l'enrichissant des retours d'expérience des membres, et de la confrontation au réel.

Gouvernance hybride

Elle comprend :

- L'organisation, sa culture et sa maturité pour mettre en œuvre l'hybridation.

- Le management de portefeuille hybride (approche de bout-en-bout de la demande/initiative jusqu'à l'exécution et au-delà).

- Les critères d'aide à la décision pour choisir l'une des différentes approches projet à notre disposition (Waterfall, Agile, Agile à l'échelle, Hybride...), ou pour les mélanger.

- La comitologie et les processus/rituels de gouvernance dans un environnement hybride.

- Le pilotage et le suivi d'un portefeuille hybride (KPI et OKR).

Le cadre méthodologique du management de projet hybride

Il comprend :

- Pourquoi et comment insérer des techniques/rituels/outils Agile, au sein d'un projet Waterfall, et suivant quels critères et règles ?

- Pourquoi et comment insérer des techniques/processus/outils Waterfall, au sein d'un projet Agile, et suivant quels critères et règles ?

- Pourquoi et comment mélanger Agile et Waterfall, au sein d'un même projet (de bout en bout, en parallèle, successivement), et suivant quels critères et règles ?

- Comment piloter et synchroniser Waterfall et Agile au sein d'un même projet ?

La dimension humaine en mode hybride

Elle comprend :

- Pourquoi et comment diffuser les valeurs et une culture organisationnelle qui supportent l'approche l'hybride ?

- Quel état d'esprit et savoir être devons-nous avoir pour travailler en mode hybride ?

- Pourquoi et comment mettre en œuvre des compétences hybrides (formation, coaching, mentorat, communauté de pratiques…) ?

- Quelles connaissances et compétences sont requises pour travailler en mode hybride ?

2. Les situations

Pour nous, la notion de situation désigne une position et le choix des parties prenantes du projet, dans un ensemble de données du réel.

Pour illustrer la diversité des situations dans lesquelles l'hybridation répond aux défis rencontrés, nous allons vous présenter huit cas concrets :

Situation A : Je suis contraint de gérer mon projet en Waterfall, mais je souhaiterais utiliser quelques bonnes pratiques d'Agile, sans modifier la gouvernance projet.

Situation B : Concilier Waterfall et Agile dans un même projet, ou comment accompagner l'équipe à travailler en hybride ?

Situation C : Mon client s'impatiente de ne pas voir de livraison dans son projet. Comment faire évoluer mon organisation projet Waterfall, pour avoir des livraisons plus régulières en intégrant l'approche itérative du mode Agile ?

Situation D : Mon projet en Agile ne se termine jamais. J'ajoute des sprints indéfiniment…

Situation E : Comment piloter un portefeuille qui comprend des projets Agile, Waterfall et Hybrides ?

Situation F : Le top management m'impose un reporting et une gouvernance qui semblent incompatibles avec mon pilotage en Agile.

Situation G : Je dois démarrer un projet en Agile, mais je ne suis pas persuadé que ce soit la bonne méthode, est-ce que l'hybride pourrait m'aider ?

Situation H : Comment la Chaîne Critique peut éviter les retards de livraison d'une solution constituée de sous-projets exécutés parallèlement en Waterfall et Agile ?

Les éléments de structuration qui ont guidé la description de chaque situation sont les suivants :

- Contexte
- Gouvernance
- Cadre méthodologique
- Dimension humaine
- Success story / conclusion

- ## Contexte

Mon entreprise répond à un appel d'offre financé par le client pour la construction d'une infrastructure industrielle de plusieurs centaines de millions d'euros. Je dispose d'un an pour bâtir une offre technique et financièrement engageante sur plusieurs années.

Mon équipe est jeune et certains membres viennent de vivre un projet difficile géré en Waterfall. Je dois adapter le modèle d'exécution Waterfall du projet, pour concevoir une solution innovante, tout en développant la motivation de l'équipe.

Les réunions de retour d'expérience rassemblant les acteurs (ceux encore présents après trois ans de projet) ont démontré leur inefficacité. L'information est difficile à trouver, certaines réunions tournent parfois au règlement de compte entre services, les plans d'actions qui en découlent ne sont pas suivis.

Ces dernières années, l'évolution du marché a obligé notre société industrielle à repenser son organisation. Notamment l'arrivée de structures plus petites, plus agiles et capables de mettre un produit sur le marché en un temps record, là où il nous fallait 5 à 10 ans.

Nos activités étaient trop séquentielles, et les métiers pas toujours au même niveau d'information sur l'état des différents développements de nos activités. Un audit externe nous a recommandé de mettre en place une structure transverse de management de nos projets, pour permettre une vision partagée de l'état d'avancement du portefeuille de nos différents projets.

Depuis quelques années, les projets de développement de nouveaux produits sont menés dans un cadre hybride.

- ## Gouvernance

Selon les étapes du projet, pour intégrer de l'agilité dans notre exécution Waterfall :

En phase de démarrage

- Je mobilise un coach Agile pour m'aider à mettre en place la dynamique collective requise.

En phase de planification

- Ma gouvernance projet est animée via des réunions ad-hoc (lots / métiers) en optimisant le choix des participants aux réunions projet, réunions journalières, ou Comité de pilotage. Cette gouvernance est supportée par un espace projet dédié (salle projet en physique ou en virtuel), afin de permettre une animation en management visuel (tableau, mur, etc.).

- J'utilise des rituels Agile pour faciliter la résolution des problèmes, au bon niveau de l'organisation projet.

En phase d'exécution

- Je continue le reporting et les revues avec le management, tel que requis par le référentiel de mon entreprise. La comitologie du Waterfall reste en place. Cependant, je sensibilise à de nouvelles pratiques, avec pour objectif d'éviter tout double reporting résiduel.

En phase de clôture

- Les réunions de retour d'expérience, en s'inspirant des rétrospectives du mode Agile, sont plus fréquentes et régulières tout au long du projet, et à la fin, plus constructives et plus plaisantes.

- ## Cadre méthodologique

Selon les étapes du projet, pour intégrer de l'agilité dans notre exécution Waterfall :

En phase de démarrage

- Je construis un espace projet avec tous les outils physiques et IT pour permettre de rassembler les informations au même endroit et d'organiser des animations collectives. Cette salle peut être aussi virtuelle.

En phase de planification

- Je donne plus de place à l'élaboration progressive (« *rolling wave planning* »).

- Je m'inspire de la cérémonie Agile du « **product backlog refinement** » pour dynamiser la gestion des modifications avec la mise en place d'un comité dédié et viser une responsabilité partagée.

- J'instaure les notions de Minimum Viable Product (MVP) et de « *Test & Learn* » sur la définition du périmètre du projet : par exemple, je mets en place des ateliers de « value engineering » pour définir, en un temps court donné, une solution préliminaire à coût optimisé qui servira de base pour le développement du dossier technique, l'élaboration du plan d'exécution et le chiffrage de l'offre engageante.

- Je décide qu'un « *Work Package* (WP) », un composant, ou un sous-projet, sera géré en agilité.

En phase d'exécution

- J'instaure la culture du feedback et je planifie des démonstrations intermédiaires avec les bénéficiaires concernés au sein de mon projet, pour confronter mon produit en cours d'achèvement à leurs attentes : Proof of Concept (POC), prototype, pilote, beta test...

En phase de clôture

- J'effectue la synthèse de ce qui a été collecté en continu (en utilisant par exemple les bilans des rétrospectives antérieures ou liste des problèmes et changements).

- Je propose des recettes intermédiaires pour délivrer de la valeur au fur et à mesure sans attendre la livraison globale du projet.

• Dimension humaine

Selon les étapes du projet, pour intégrer de l'agilité dans notre exécution Waterfall :

En phase de planification

- Je fédère un collectif agile, pour créer une raison d'être et illustrer les enjeux du projet de manière différente.

- Je m'attache à comprendre les différentes personnalités qui constituent mon équipe (i.e. DISC, MBTI, Insight, Process Com, etc.), afin de mieux se connaître et de saisir le contexte du projet en tenant compte des profils individuels et collectif.

- Je développe de manière collaborative les objectifs du projet, en incluant des objectifs liés au développement de l'équipe, et des objectifs liés à la stratégie long terme de mon entreprise, en complément d'objectifs QHSE (par exemple), et des traditionnels objectifs de « coût » et « délais ».

- J'utilise l'intelligence collective et la coopération pour mettre sous contrôle les risques et définir les jalons clés du cycle de vie du projet.

En phase d'exécution

- J'instaure la culture du feedback et je planifie des rétrospectives régulières avec mon équipe, pour faire le point sur l'organisation du projet. J'alimente au fil de l'eau le retour d'expérience.

En phase de clôture

- Je mets en place un système de rétribution, gratifications pour objectifs atteints, et récompenser les collaborateurs (savoir dire merci, et mettre en visibilité le travail accompli et les succès).

- Je documente les retours d'expérience sur le projet dans une base de connaissance, pour en faire bénéficier l'organisation et les projets à venir.

Tout au long du projet

- Je m'assure que l'organisation opérationnelle du projet et les rituels placent les collaborateurs au cœur des projets, pour qu'ils puissent intervenir à tout moment, pour remonter un risque ou un blocage ou donner un état d'avancement de leurs travaux.

- Je m'inspire de l'approche « serious games » (quizz, challenges) pour faire passer les messages principaux.

- Je mets en place une évaluation régulière du bien être des équipes qui est suivi avec un tableau de bord spécifique (inspiré du célèbre « mood marble », ou autre technique ROTI…).

- Lorsque les équipes travaillent essentiellement en virtuel, je mets en place la routine de « réunion quotidienne d'alignement ».

- Je célèbre chaque « jalon » clé atteint et reconnais la performance de chacun.

• Success story

L'exécution en mode hybride de mon projet a permis de livrer une solution adaptée aux contraintes du marché avec une productivité accrue en faisant évoluer le périmètre initial. Elle a permis de conserver la motivation des équipes tout au long de l'exécution, en renforçant le sentiment d'appartenance et de responsabilisation.

Elle a également répondu aux attentes des jeunes collaborateurs, en leur proposant un mode de management plus collaboratif et centré sur l'humain.

Ce mode d'exécution par hybridation a suscité l'intérêt des pairs. Enfin, de nombreux retours d'expérience partagés au sein de l'organisation ont permis d'envisager des pistes d'améliorations.

Situation B : Concilier Waterfall et Agile dans un même projet, ou comment accompagner l'équipe à travailler en hybride ?

- Contexte

Depuis 7 ans, les projets de développement de nouveaux produits sont menés dans un cadre hybride. La colonne vertébrale de la méthodologie projet dans l'organisation est d'abord prédictive, inhérente aux environnements industriels, avec une succession de jalons qui vont retranscrire la maturité du développement des produits et de notre capacité à les fabriquer.

Nous avons également une forte dimension logicielle dans nos systèmes, afin de piloter notre électronique. Les développements logiciels se font principalement en suivant l'approche Agile (Scrum). La société qui développe des solutions IT a fait le choix d'organiser le travail avec des équipes fonctionnant en mode agile pour la couche de présentation (front office) et des équipes en Waterfall pour gérer les traitements asynchrone (back office et volumétrie de données).

L'entreprise démarre la construction d'un projet de plusieurs millions d'euros. Ce projet comprend divers lots, dont les cahiers des charges sont détaillés et basés sur de nombreuses références industrielles. Ces derniers seront exécutés en Waterfall. Néanmoins, un des lots est une innovation technologique. Celui-ci demande de nombreuses interactions avec les clients pour définir les besoins et comprendre les contraintes associées. Est-ce que l'hybridation pourrait aider ?

- Gouvernance

Comment appliquer la gouvernance ?

- Je construis une équipe mixte sur des domaines clés transverses.

- Je mets en place des outils collaboratifs aux deux types d'équipes (par exemple : MS Teams, plateforme iObeya, suite Atlassian, etc.).

- Je combine les deux approches avec des **jalons d'intégration** : 8 à 10 jalons par projet, espacés de deux à trois mois. Ils permettent de visualiser la progression des développements, et ainsi de réduire l'effet tunnel.

- Je redéfinis les processus Waterfall pour intégrer Agile et permettre une synchronisation.

- J'intègre des exigences Waterfall (sécurité, environnement de travail, gestion de la configuration etc. c'est-à-dire les contraintes techniques de l'ordre des exigences plus que des fonctionnalités) dans les backlog produit.

- J'assure de la flexibilité, et mets en avant les choix du Product Owner et des équipes, avec la mise en place d'un cycle de reporting et de décision, **centré sur le contenu du backlog à revoir** (la cérémonie du « backlog refinement »)

- Je diffuse rapidement les informations des projets et des programmes : mise en place d'un système de reporting efficace, avec un résumé projet d'une part (succès, blocages, risques), et un réseau de meetings allant de la réunion projet / Daily Scrum, au Comité de pilotage.

- ## Cadre méthodologique

Une grille d'évaluation permet de confirmer la possibilité d'exécuter le nouveau « work package » (WP) en agilité et avec quel niveau de prérequis.

Je définis les critères de la grille d'évaluation avec des questions – par exemple :

- Suis-je en mesure de cadrer le contenu de ce WP ?

- Est-ce que je sais prévoir le résultat attendu ?

- Est-il possible d'en livrer une version minimale autonome, améliorable par itération successive ? (Minimum Viable Product – MVP)

- Le contenu attendu de ce WP dépend-il d'autres facteurs incertains sur le projet ?

- Les **bénéficiaires de ce WP sont-ils bien identifiés, et sont-ils disponibles** pour participer à une gouvernance agile ?

- Puis-je borner le périmètre de ce WP pour qu'il n'empiète pas sur les autres ?

- A chaque nouvelle phase du WP, la question peut se poser. Il peut être souhaitable de revenir au mode Waterfall pour ce WP, si c'est pertinent.

- Dimension humaine

Comment appréhender l'humain, les points de vue des parties prenantes, l'acculturation, la conduite du changement ?

Dans le cas d'un WP Agile isolé dans un projet Waterfall, il restera une exception (hybride faible). Cela peut provoquer un choc de culture et des réticences de certaines parties prenantes. Il nous a alors été nécessaire de :

- Communiquer auprès des parties prenantes impactées par ce WP sur les singularités de l'agilité : itérations, livraisons par incrément, définition du contenu au fur et à mesure, mobilisation plus forte des utilisateurs, etc.

- Aider les membres de l'équipe contribuant au WP agile à adopter l'hybridation.

- Déployer une formation dédiée pour accompagner le changement au niveau individuel.

- Accompagner le changement au niveau collectif avec un facilitateur maitrisant l'hybridation (profil coach) qui nous a aidé à assurer l'interface avec les autres WP, et la bonne communication entre les équipes.

Le cadre ainsi constitué met les collaborateurs au cœur des projets, ils peuvent intervenir à tout moment pour remonter un risque ou un blocage, donner un état d'avancement de leurs travaux. En devenant « Product Owner » sur tout ou partie de la durée du projet, le Chef de projet ou WP leader a pu **craindre de perdre du contrôle** et de l'autorité sur son équipe.

Cependant, il a aussi pu valoriser les bénéfices de mieux échanger avec son client externe et ses clients internes. Il a mieux priorisé le reste à faire du Product Backlog, et a **maximisé la création de valeur pour la satisfaction client**.

Un intégrateur télécom fournit un ensemble de solutions de communications complexes à son client. Client et fournisseur travaillent habituellement en Waterfall. Ce mode est adapté à ce type de projet nécessitant intégration d'équipements en datacenter, ingénierie, configuration hardware, middleware puis déploiement sur le réseau capillaire de l'opérateur.

Lors d'un nouveau contrat, pour une solution innovante, un important composant logiciel n'a pas été cadré. Il s'agit d'une brique de supervision transverse aux possibilités très larges.

Le client identifie certains besoins, mais n'arrive pas à les borner. Il veut intégrer de multiples fonctionnalités, tout en mesurant la complexité de la solution à mettre en œuvre.

Le sujet devient conflictuel.

Nous sommes donc revenus aux fondamentaux de l'approche Agile : collaboration avec le client. L'intégrateur propose à son client de réaliser ce Work Package en mode Agile avec un nombre de sprints limité, la constitution d'un backlog produit et la création de « User Stories » avec leur priorisation par les utilisateurs.

Cette démarche a permis de sortir d'une impasse, répondu aux attentes du client, et redonné de la valeur au management de projet par l'intégrateur.

Situation C : Mon client s'impatiente de ne pas voir de livraison dans son projet. Comment faire évoluer mon organisation projet Waterfall pour avoir des livraisons plus régulières, en intégrant l'approche itérative du mode Agile ?

- ### Contexte

Nous sommes en phase de conception, sur un projet géré en mode Waterfall. Le client souhaite déployer pour tous ses salariés un nouveau logiciel de paie et de gestion du temps. Ce nouveau logiciel remplacera son ancien outil qui ne peut plus suivre les évolutions légales. L'ensemble des salariés est constitué de populations diverses avec des besoins propres. Cela nécessite de concevoir et de mettre en œuvre de nombreuses fonctionnalités spécifiques à chaque population, et le risque est fort de ne pas correctement comprendre les besoins.

Constater un écart entre besoins et fonctionnalités, à tester au moment de la phase de recette, aurait un impact direct sur la date de mise en production du projet, ce que le client ne peut pas se permettre. Il est impératif que les équipes testent l'application rapidement.

Lors du premier comité de pilotage, après le démarrage de la phase de conception, le client nous annonce qu'il souhaite éviter l'effet tunnel en phase de réalisation (entre la fin de la conception et le début de la phase de recette).

- ### Gouvernance

Pour répondre au besoin de réduire l'effet tunnel, nous avons organisé un **comité de projet dédié avec les référents fonctionnels et les chefs de projet**. La solution proposée par ce comité de projet dédié a été présentée au comité de pilotage pour validation.

Le comité de projet dédié a pour but de :

- Finaliser la phase de conception, et obtenir la validation du client pour les spécifications fonctionnelles du projet.

- Fusionner la phase de réalisation (paramétrage et développement) avec la phase de recette. Nous avons nommé cette nouvelle « phase recette élargie ».

- Définir les lots fonctionnels pouvant - en phase de recette élargie - être livrés en minimisant les impacts autant en termes de coût que de délai projet :

  o La validation des impacts se fait au comité de pilotage qui suit le comité projet.

- Identifier les jalons de livraison de chaque lot fonctionnel : une première livraison un mois après la validation de la phase de conception. Un délai de 3 à 4 semaines entre chaque livraison jusqu'à la livraison complète au client (durée 4 mois).

  o A partir du deuxième lot, l'estimation de **la charge de chaque lot doit être inférieure à la capacité de l'équipe projet** : l'objectif est de permettre d'ajouter au périmètre du lot en cours la correction des anomalies identifiées dans les lots précédents.

- Définir les règles du jeu sur le traitement des anomalies. L'équipe qui développe le lot suivant est la même que celle qui corrige les anomalies des lots précédents.

Nous avons adapté l'organisation et l'ordre du jour des comités de projet pendant la phase de recette élargie :

- Un comité de projet par semaine où le client valide la pertinence de l'application livrée par rapport à l'application cible.

- Toutes les personnes clés, tant coté intégrateur que coté client, participent à ces comités si leur expertise est nécessaire pour décider ou arbitrer en séance (le cas échéant).

- Les anomalies sont classifiées en structurantes ou non structurantes.

- Les impacts des anomalies structurantes (quand il y en a) sont validés ou escaladés aux membres du comité de pilotage.

- On échange sur les dernières anomalies identifiées et on valide leur pertinence (parfois il ne s'agissait pas d'une anomalie, mais d'une incompréhension du client sur la fonctionnalité).

- Le client est informé des corrections effectuées et de celles prévues pour la livraison du prochain lot. Les questions diverses de l'équipe projet sont traitées au fur et à mesure.

- Cadre méthodologique

En parallèle de la livraison de chaque lot, nous avons organisé une présentation des fonctionnalités livrées aux équipes en charge de réaliser la recette. Cette présentation a permis aux équipes d'être formées sur les fonctionnalités à tester. Par ailleurs nous avons mis en œuvre une gestion des anomalies rigoureuse, avec deux types d'anomalies :

- **Structurantes** : anomalies impactant une ou plusieurs fonctionnalités prévues dans les prochains lots et devant être corrigées lors de la livraison du lot suivant. Avant de démarrer la correction :

  o La solution proposée doit être validée avec l'équipe métier du client pour s'assurer qu'il n'y a pas de nouvelle incompréhension.

  o Les impacts de la solution (coût, délai, valeur métier) doivent être validés en comité projet, et si nécessaire être escaladés dans un comité de pilotage extraordinaire.

  o L'équipe client en charge de la recette doit mettre à jour son cahier de tests en ajoutant la recette des anomalies structurantes corrigées.

- **Non structurantes :** anomalies corrigées au fur et à mesure des disponibilités de l'équipe.

  o Leur correction ne doit pas impacter la livraison du lot suivant.

  o La priorité de ces anomalies (bloquante, majeure ou mineure) commencera à s'appliquer à partir de la livraison du dernier lot fonctionnel.

  o L'équipe client en charge de la recette planifie la validation de ces anomalies selon ses disponibilités et après avoir validé les nouvelles fonctionnalités du dernier lot livré.

- Dimension humaine

La mise en place de cette méthodologie de travail a nécessité des ajustements.

Coté intégrateur

- Adapter le séquencement des équipes en facilitant le travail en parallèle des équipes techniques (en charge du paramétrage/développement) et des équipes fonctionnelles (en charge d'expliquer la conception).

- Les équipes fonctionnelles réalisent les tests unitaires au fur et à mesure des livraisons internes pour éviter des retards et donner du feedback en continu.

Coté client

- Mobiliser les équipes métier client tout au long de la recette élargie.

- L'objectif est :

  o D'échanger régulièrement avec les équipes de l'intégrateur et les guider dans leurs choix de paramétrage/développement.

  o De se rendre disponible pour participer aux présentations/formations organisées par l'intégrateur à chaque livraison d'un nouveau lot.

  o De démarrer et réaliser les tests de recette plusieurs mois avant la date prévue en début de projet.

- • Conclusion

Contraintes

- L'intégrateur a dû renforcer le dispositif projet (hausse des coûts de management du projet).

- Le client a dû renforcer son équipe pour assurer la prise en charge de l'intégralité de leurs tâches pendant la phase de recette élargie.

Les bénéfices pour le client

- Valider très tôt dans le projet que les fonctionnalités livrées correspondent à son besoin (forte réduction de l'effet tunnel).

- Détecter et résoudre très rapidement les incompréhensions.

- Compléter les besoins exprimés pendant la phase de conception.

- Respecter la date de livraison en production de l'application (contrainte forte du client).

Ainsi, le cycle de vie initialement prévu pour la mise en œuvre de ce projet a été adapté. Une approche « sur-mesure » entre l'intégrateur et son client a permis de répondre aux besoins et aux contraintes du projet.

- ### Contexte

En mode Agile, l'équipe de développement est stable sur la durée du projet, le budget affecté aux ressources humaines est donc stable également dans la durée, et ainsi prévisible et maîtrisé dans la mesure où la durée du projet est fixée et respectée. La tentation est grande d'ajouter, au fur et à mesure du déroulement du projet, de nouvelles fonctionnalités au sein du backlog produit, même si les prochains sprints sont déjà remplis. En ce cas, il semble logique d'ajouter indéfiniment de nouveaux sprints, et d'insérer de nouvelles user stories (US), au sein du backlog produit.

Nous nous retrouvons rapidement face au **paradoxe de l'hôtel infini**. Nous pouvons toujours ajouter des user stories (US) au backlog produit par le haut, par le bas, dans des sprints lointains, comme dans les tous prochains sprints, en dépriorisant certaines US pour prioriser les plus récentes...

Le danger en Agile est de ne jamais terminer, ou de produire du « *quick & dirty* ».

- ### Gouvernance

Si nous sommes contraints par le temps et les ressources, et que nous ajoutons des sprints indéfiniment, il convient de mettre en place une gouvernance hybride du projet.

Sommes-nous dans un projet avec un début, et une fin, définis ?

Si oui, comment s'en sortir ?

- ### Cadre méthodologique

Plusieurs cas dans cette situation « d'hôtel infini » sont possibles (et la liste n'est pas exhaustive).

- L'équipe Agile, pour réaliser certaines fonctionnalités, ou user stories, a comme prérequis la livraison par d'autres équipes de certains composants, qui eux-mêmes ne sont jamais terminés.
    - Si la majorité des projets interdépendants est en mode Agile, il convient de mettre en place l'agilité à l'échelle ou une approche hybride.
    - Si ce projet Agile est isolé dans un environnement Waterfall, il semble alors pertinent de se rapprocher de la gouvernance évoquée dans la situation B.
- Les incréments du projet sont sans cesse refusés, la qualité n'est pas au rendez-vous, et les livrables contiennent des problèmes bloquants empêchant leur validation (problème de qualité).
- Les incréments du projet sont acceptés, mais avec des réserves, cependant ces extensions sont acceptées car l'équipe Agile est en place, et les extensions sont ajoutées au backlog produit (problème quant à la méthode de construction du backlog et de sa priorisation).

La création de valeur ne suffit pas à cadrer les besoins et finaliser l'exécution. Le risque de dérive est grand, et savoir travailler en mode Agile requiert une grande maturité de l'organisation et de la discipline.

Il peut être alors nécessaire de venir sur une approche projet hybride et d'utiliser le prisme de la vision Waterfall pour prendre du recul :

- Repenser une fin de projet avec un équilibre coût/délai/ambition (en remplacement du contenu).
- Construire une pseudo « Work Breakdown Structure » basée sur les ambitions pour redéfinir un cadre cible. On pourra s'appuyer sur la WBS pour revoir la décomposition des épopées et autres user stories.
- Poser des jalons et/ou des « gates ».
- Mettre en place un comité de pilotage pour valider et suivre les ambitions et les changements stratégiques.
- Qualifier plus précisément les exigences à l'origine du backlog de produit en cours (ex : MosCoW).

- Dimension humaine

Une équipe en souffrance est la conséquence des retards importants que connaît le projet en mode Agile qui ne se termine jamais. C'est un signal d'alerte qui doit inviter à initier la démarche évoquée ici.

Plus la durée d'exécution du projet s'allonge, plus la question des compétences est mise en exergue : un haut niveau de maturité et de la rigueur dans l'exécution du cadre de travail Agile (cf. *Definition of Ready*, *Definition of Done*) est un impératif.

Former l'ensemble des parties-prenantes du projet à Agile et respecter l'approche est indispensable pour se prémunir de « l'hôtel infini ».

- Conclusion

Dans cette situation souvent rencontrée, le mode Agile doit être enrichi : par une vision produit très solide et définie dès l'émergence des besoins, par l'hybridation qui donne une plus grande maîtrise du périmètre du projet et de ses exigences. L'hybridation, en fixant dès l'origine du projet des règles du jeu, des limites temporelles et budgétaires, ainsi que des **Tollgates** (barrière de péage) de synchronisation, nous permet d'éviter le piège du « jamais fini » en Agile.

Situation E : Comment piloter un portefeuille qui comprend des projets Agile, Waterfall et Hybride ?

- ### Contexte

Le conseil d'administration, en accord avec ses dirigeants, en tenant compte des aspects du marché et des objectifs commerciaux, définit la vision globale et la stratégie. Pour répondre et réaliser les objectifs de l'organisation, des portefeuilles sont construits et mis en œuvre. Ils regroupent et coordonnent toutes les activités : programmes, projets, produits, voire opérations.

Par essence, un portefeuille est caractérisé par :

- Sa transversalité
- La nature des programmes et projets qui le composent
- Son mode de gouvernance
- Les parties prenantes
- Une tour de contrôle garante des règles de gestion et de priorisation appliquées
- Les degrés d'avancement des différents programmes et projets dans leur cycle de vie, suivis par un tableau de bord et des indicateurs

L'hybridation va au-delà du cadre méthodologique, et s'inscrit également dans la démarche du management de portefeuille.

Le portefeuille est la traduction et l'expression opérationnelle de la stratégie de l'entreprise. Dans ce cadre, les plans annuels sont revus selon les choix stratégiques actualisés de l'entreprise, qui vont définir et prioriser les composantes du portefeuille.

Pour obtenir des résultats tangibles, nous préconisons un portefeuille hybride, puisqu'il tient compte de la pluralité des situations, des projets et de leur mode de gestion. Délivrer la valeur attendue par les clients, au premier plan desquelles les membres du top management y compris les sponsors et les métiers, est un impératif et demande de la nuance, c'est-à-dire de répondre de façon pertinente à leurs différents besoins et exigences. Cela implique un management du portefeuille intégrant et utilisant dynamiquement les différents modes de gestion à disposition, mais également de pouvoir les synchroniser et les consolider.

Le portefeuille est multi-dimensionnel, son cycle de vie peut être influencé par les adhérences entre les différents projets, la maturité de l'organisation et la disponibilité de ses ressources.

Piloter un portefeuille implique de :

- Caractériser ses éléments constitutifs
- Évaluer la capacité de l'organisation à absorber la charge de travail
- Assurer la visibilité et l'alignement avec l'orientation stratégique
- Identifier les paramètres à surveiller, établir et animer les bons tableaux de bord
- Prioriser et prendre des décisions
- Gérer les budgets relatifs au portefeuille, les adapter si nécessaire.

Le responsable du portefeuille doit s'appuyer sur ces éléments pour prendre des décisions, dans le but d'optimiser les ressources et d'atteindre les objectifs stratégiques de l'entreprise.

Selon nos trois axes d'analyse que sont la gouvernance, le cadre méthodologique et la dimension humaine, voici nos suggestions pour piloter un portefeuille hybride.

- Gouvernance

Les portefeuilles de projets peuvent être gérés par une même entité dans l'organisation ou sous la direction de plusieurs entités. Dans un cas la gouvernance se situe généralement à la tête de cette direction (DAF, IT, RH). Dans l'autre, c'est la transversalité qui sera prépondérante avec l'existence d'un PMO (Project Management Office) ou d'un VMO (Value Management Office). Dans les deux cas, la gouvernance assure la bonne compréhension de la valeur attendue. L'engagement de la Direction Générale est crucial.

La gouvernance doit s'assurer de la capacité des organisations à réaliser les projets, c'est-à-dire connaître le nombre de projets gérables ensemble à un instant T. Pour piloter le portefeuille, elle a besoin de visibilité sur chacun des programmes et projets. Un tableau de bord est élaboré pour donner une image synthétique et compréhensible de la situation du portefeuille, indiquant entre autres l'état d'avancement, la consommation des ressources, les échéances, les risques et impacts, le Time to Market, des KPI ou OKR.

Ceci implique de partager un langage commun projet, quelle que soit la modalité de gestion de projet utilisée.

La gestion de portefeuille garantit l'alignement stratégique de ses éléments constitutifs et les priorise **en clarifiant les critères de décision** :

- L'arbitrage consiste à définir les priorités lors d'un point d'intégration avec les parties prenantes et à réallouer les ressources, souvent au détriment de projets moins prioritaires.
- La focalisation consiste à mettre un point d'attention sur les projets/programmes le nécessitant ; le « fever chart » peut être utilisé pour cartographier les degrés d'avancement.
- La prise de décision est centrée sur la valeur et la performance du projet.
- Les caractéristiques des différents projets permettent de déterminer le type de gouvernance à adopter.

Par ailleurs, la gestion financière d'un portefeuille hybride requiert des données comparables. Cela peut impliquer, par exemple, de transformer les coûts (en points) des équipes Agile, en jour/homme, afin de les rendre comparables aux charges (en jours) des équipes Waterfall.

La gouvernance de portefeuille hybride nécessite une forte adaptabilité de la part de son pilote.

• Cadre méthodologique

Il est recommandé que le pilote du portefeuille et les responsables des différents projets déterminent ensemble les modalités de gestion en Waterfall, Agile ou hybride au plus tôt. Les conditions d'exercice des modalités d'exécution au cours du cycle de vie d'un projet hybride sont clarifiées et décidées sur la base d'une grille de lecture partagée. Au sein d'un projet hybride, les parties prenantes clés ont connaissance de la manière de gérer la transition, ses impacts et ses conséquences.

Afin d'observer et anticiper l'évolution du portefeuille, voire d'alerter si un projet n'est plus sous contrôle, des revues régulières de portefeuille doivent être fixées à l'avance, coconstruites avec les parties prenantes clés et à une fréquence juste et régulière, pour ne pas déstructurer le fonctionnement des équipes. Cela garantit que les reportings sont bien comparables. Le pilote du portefeuille les anime, avec les responsables des différents programmes et projets. Idéalement, les décisions sur les éléments critiques sont prises lors de ces événements. **En fonction du niveau de maturité des organisations**, les rapports de suivi peuvent être dynamiques et mis à jour sur un outil collaboratif en temps réel.

Le responsable du portefeuille ne peut pas imposer d'indicateurs standards pour tous. C'est l'ensemble des parties prenantes clés qui se met d'accord sur les KPI et OKR, pour concevoir le tableau de bord du portefeuille. Des indicateurs de pilotages usuels – qualité, coût, délai, analyse de risques, ROI, NPV, etc. – sont utilisés pour observer et anticiper l'évolution du portefeuille de façon dynamique. Les outils de management visuel sont adaptés à cet usage et choisis pour le suivi et l'alerte. Au-delà des indicateurs communs, les équipes restent libres de leur organisation.

Les règles de communication sont établies à l'avance en matière de reporting des responsables de projets aux parties prenantes.

- Dimension humaine

La motivation et l'implication des parties prenantes sont affectées par une décision unilatérale du mode de gestion de projet déterminée par le responsable du portefeuille. Ce dernier connaît les différentes méthodologies, sans a priori dogmatique. Il est vigilant sur le sens des mots, expressions et concepts employés pour comprendre et être compris de tous. Il fait preuve de flexibilité pour obtenir les bonnes informations, avoir des capacités à interagir quel que soit le mode de fonctionnement du projet, assurer la transparence et démontrer une adaptabilité aux différents univers projet (Waterfall, Agile, Hybride), en fonction des rythmes de travail de chacun. Il s'assure que les ressources communes aux différents programmes et projets parlent le même vocabulaire et qu'elles puissent se comprendre.

Idéalement, le pilote de portefeuille possède les matrices de polyvalence et de poly-compétences des ressources de l'organisation, voire de toutes les parties prenantes clés.

Cette cartographie :

- Renseigne sur les capacités des équipes à gérer des projets selon différentes modes.
- Permet de mettre en œuvre des actions de formation pour élargir les horizons sur d'autres méthodologies de gestion de projet.
- Permet d'identifier des ressources davantage aptes à fonctionner en mode hybride et les positionner dans différentes configurations pour faire évoluer les méthodes et rituels d'équipe et développer la maturité de l'organisation (mentoring/coaching).

Les ressources sont limitées. Leur surcharge a un impact sur la sérénité et l'efficacité. Pour ne pas les saturer, il est important d'identifier les facteurs limitants et les compétences hybrides dans le cadre du pilotage du portefeuille.

Les critères et règles de priorisation, d'alignement aux objectifs stratégiques, doivent être compris par tous pour prévenir le risque de frustration d'équipes bouleversées par une annulation ou un report, en précisant que la décision n'est pas corrélée à la performance intrinsèque des membres de ces équipes, mais bien à une décision de coordination.

- Success story

Nous avons assuré le rôle de Directeur du PMO pour un portefeuille de projets de transformation de systèmes d'information : environ 300 projets concurrents, organisés sur 5 domaines fonctionnels, certains gérés au sein de programmes de transformation pluriannuels. Un même pool de compétences et de ressources était budgété annuellement pour servir ces projets. Les projets étaient dans différentes phases et certains, non initialement identifiés, ont été ajoutés après la revue budgétaire pour des raisons stratégiques. Les projets et programmes du portefeuille étaient majoritairement conduits en Waterfall cependant de nombreuses initiatives étaient conduites en Agile (lancer un prototype, développer une solution alternative pour contourner une contrainte technique, etc.). Ainsi ce portefeuille devenait hybride et il nous fallait pouvoir arbitrer entre activités conduites en Agile et projets en Waterfall, et notamment pour prendre des décisions d'allocation de ressources.

Les livraisons, mises en production, intervenant souvent les week-ends, nous avions mis en place une gestion hebdomadaire de l'affectation des ressources avec un arbitrage tous les vendredis matin. Les décisions prises, étaient communiquées (analyse d'impact) et pouvaient être modifiées jusqu'au vendredi matin suivant. Selon les arbitrages proposés pour optimiser l'exécution immédiate, les contraintes étaient validées par le « business », avec une visibilité partagée. Ainsi, quel que soit le mode de gestion projet (planification ou agile) nos arbitrages portefeuille étaient calés sur la temporalité la plus petite (7 jours roulants, semaine suivante).

Cela nous a aidé à mieux travailler ensemble. Les facteurs clés de succès ont été d'imposer 1) de l'agilité aux projets Waterfall (absorption des changements d'une semaine sur l'autre) ; et 2) aux clients (parties-prenantes des projets au niveau de la gouvernance : managers et au besoin, les patrons d'entités fonctionnelles) de s'impliquer dans la prise de décision au niveau du pilotage du portefeuille.

- ## Contexte

Mon entreprise, une industrie fortement réglementée, souhaite sortir un produit innovant et disruptif pour une date donnée et un budget fixé. Les besoins sont clairs, en revanche, comment les atteindre est incertain. La gouvernance de l'entreprise reste traditionnellement Waterfall, mais je souhaite piloter mon projet en mode Agile et utiliser les techniques et outils associés au quotidien.

Comment répondre aux exigences traditionnelles du top management et piloter en mode Agile mon projet ?

Pour répondre à cette problématique, voici les étapes suivies pour une approche hybride :

1. Les besoins initiaux exprimés par le client et les parties prenantes clés du projet doivent être exprimés sous la forme de macro-fonctions, à l'intérieur d'une feuille de route.

2. Les contraintes ou les exigences non négociables de ces macro-fonctions doivent être identifiées, validées et priorisées : normes, exigences, technologies, maturité et culture de l'organisation et des parties prenantes, exigence d'innovation vs concurrence, etc. Attention il faut que le cadre soit suffisamment précis, mais reste à haut niveau. Cette étape correspond à la DoR (Definition of Ready) des macro-fonctions.

3. Ces macro-fonctions doivent être priorisées et validées dans un backlog de produits.

4. Les équipes, en charge de la réalisation du projet, s'engagent sur les dates de livraison des macro-fonctions, mais elles sont libres et responsables du contenu détaillé et des moyens techniques pour réaliser chacune des macro-fonctions.

5. Dès le démarrage du projet, la planification de « tollgates » (barrières de péage) de synchronisation, contraignantes et régulières, alignées sur la feuille de route du projet, est nécessaire. Par analogie avec un rallye-raid et ses points de contrôle obligatoires, elles vont constituer l'épine dorsale du projet en termes de gouvernance et de

pilotage. Ces « tollgates » sont suffisamment espacées (en fonction du projet et de ses macro-fonctions), pour faire le statut des macro-fonctions à réaliser. Elles sont des points de passage contraignants et non négociables. Lors de ces « tollgates », un certain nombre de points vont être revus systématiquement (KPI / OKR, budget dépensé, valeur livrée, risques identifiés, nouveau besoin / besoin obsolète, besoin de ressources, possibilité d'externalisation de macro-fonctions...).

6. Entre chaque « tollgate », les équipes travaillent en mode Agile et disposent de toute latitude pour se répartir la charge des macro-fonctions à réaliser, en fonction des priorités (auto-organisation). Par exemple, si les « tollgates » ont lieu tous les trois mois, cela permet en mode Scrum de faire 3 à 6 sprints (de deux à quatre semaines chacun) entre chaque « tollgate ».

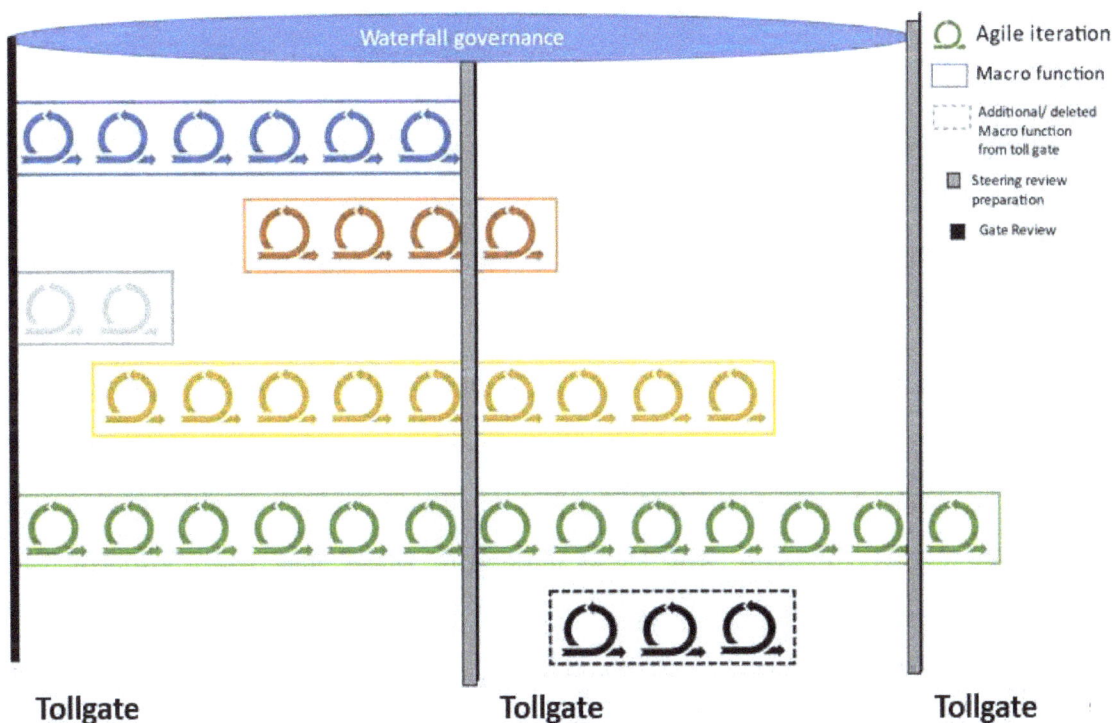

Gouvernance Waterfall et pilotage Agile

Selon nos trois axes d'analyse : gouvernance, cadre méthodologique et dimension humaine, voici nos propositions pour gérer cette situation.

- Gouvernance

Dans notre cas, la gouvernance est traditionnelle, et veut mettre en place un contrôle strict des coûts, délais et risques du projet.

Pour rendre compatible une gouvernance classique et un management de projet Agile, les parties prenantes clés doivent être alignées, avant l'exécution du projet sur la vision, la feuille de route et les macro-fonctions du projet (périmètre) à réaliser.

La « tollgate » est un point de synchronisation obligatoire, dont les KPI et OKR, associés à la valeur attendue du projet, ont été définis à l'avance.

La Direction ne contrôle pas le projet en mode Agile, elle attend donc lors de ces « tollgates » les éléments suivants : budget dépensé, reste à faire, statut sur les macro-fonctions, synchronisation, statut sur la valeur créée, risques, etc

- Cadre méthodologique

Pour hybrider une gouvernance classique avec un mode Agile, il est important de définir précisément et de façon stable tout au long du projet les macro-fonctions. Il faut être aligné sur le niveau de granularité qui caractérise ces macro-fonctions. L'ensemble des parties prenantes doit déterminer les critères qui caractérisent la valeur attendue et l'état de « fini » (DoD : *Definition of Done*), pour chacune de ces macro-fonctions.

Pour cadrer le projet, des « tollgates » (péages) sont planifiées avant son exécution. Des listes de contrôle détaillées pour les revues de « tollgates » seront définies préalablement, en accord avec les parties prenantes clés, et les éléments les constituant ne seront pas négociables. Le nombre de « tollgates » dépend du projet lui-même, en particulier de sa durée, de sa complexité et de ses enjeux.

Des rétrospectives régulières, ainsi que des revues d'itération permettront également d'éviter l'effet tunnel entre chaque « tollgate ».

- Dimension humaine

Les équipes projet en mode Agile travaillent à ressource constante et définie.

Elles sont libres, entre chaque « tollgate », d'organiser et de manager leur travail comme elles l'entendent.

Il faut garder des revues d'incrément projet pour s'assurer de l'alignement sur les besoins. La culture Agile de la transparence, de l'inspection et de l'adaptation permet des boucles de feedback (revue de Sprint, rétrospective, revue de dette technique …) évitant les incompréhensions et facilitant l'inclusion au sein des équipes.

- Conclusion

Il est primordial de s'être mis d'accord sur un langage commun, une vision partagée et des règles du jeu, dès le lancement du projet. L'hybridation avec une gouvernance Waterfall et des équipes fonctionnant en Agile permet une plus grande liberté et créativité des équipes (contenu détaillé, moyens technologiques) et un alignement régulier avec les sponsors, ce qui évite l'effet tunnel et permet des ajustements réguliers. Cette approche permet de se concentrer sur la valeur à livrer, avec suffisamment de liberté de tâtonnement ou d'ajustement entre chaque « tollgate », tout en respectant les impératifs de budget et de délai.

Situation G : Je dois démarrer un projet en Agile, mais je ne suis pas persuadé que ce soit la bonne méthode, est-ce que l'hybride pourrait m'aider ?

- ● Contexte

Je suis un éditeur de logiciels dans le domaine de la sécurité des machines. Cette entreprise opère dans le monde industriel et gère des projets d'automation et d'électricité industrielle. La taille de l'entreprise, et la diversité des projets qu'elle mène, produisent de la complexité et des déconnexions :

- Entre la stratégie et le portefeuille de projets/produits
- Au sein des équipes, en raison de la difficulté de trouver et de maintenir un rythme de production soutenable des User Stories (taille importante et complexité des épopées).

Par ailleurs, les acteurs en charge des projets perdent la vision et les équipes manquent de cohésion.

Quelques caractéristiques de ces difficultés :

- Une pratique de l'agilité, mais **non alignée avec le référentiel Agile** : les équipes pensent travailler en mode Agile, mais leurs pratiques ne respectent pas les fondamentaux de l'agilité (rituels, artefacts, rôles et responsabilités etc.).

- Un état d'esprit qui doit évoluer, afin d'intégrer une meilleure prise en compte des attentes de l'équipe de développement (principe de l'équipe auto-organisée et autonome).

- Certains projets doivent s'inscrire au sein d'un programme, c'est-à dire un ensemble de projets interreliés, et l'équipe en charge d'un projet ne connaît pas, ou ne tient pas compte, des dépendances avec les autres projets.

- Un pilotage non adapté aux différentes phases du cycle de vie du projet.

- **Le cycle de vie des projets n'est pas ajusté aux contraintes** relatives à la complexité et la taille de l'organisation projet : les processus de gestion de projet manquent de « scalabilité » et de versatilité. Les processus ne sont pas évolutifs ni polyvalents.

- Un besoin d'une grille de décision pour choisir la bonne méthode (Waterfall, Agile, Hybride) : créer un outil décisionnel permettant la gestion des options possibles basée sur les différents critères d'arbitrage.

- La nécessité de repenser l'efficacité des processus projet mis en place :

  - Le mode de pilotage avec l'intégration d'un management visuel du projet ;

  - L'apport de l'hybridation comme élément de réponse à une gestion d'une complexité grandissante (livrable/produit).

Dans une approche hybride, de multiples options sont à notre disposition.

• Gouvernance

Quelques principes de gouvernance hybride :

- Clarifier et s'approprier ce mode de pilotage hybride : accepter la réalité et reconnaître que l'on ne fait ni de l'agile ni du mode plan (« plan based »).

- Redéfinir le modèle de compétences (les rôles et responsabilités projet), afin d'améliorer la performance, et d'éviter la confusion entre les différents acteurs du projet.

- Rassembler l'ensemble des projets, quelque soit la méthode utilisée, au sein d'un même portefeuille.

- Structurer le comité de pilotage : les membres décident de la méthodologie projet utilisée, selon les différents critères de sélection pour le projet dans son environnement. Ils s'assurent de la bonne exécution du projet conformément à la méthode choisie. Cela implique qu'ils connaissent et savent appliquer les différentes méthodes.

• Cadre méthodologique

Exemple de critères à prendre en considération :

- Le management des risques
- L'ajustement du cycle de vie (Waterfall, Agile, Agile à l'échelle, Hybride)
- L'analyse de l'architecture de la solution
- L'exécution et le pilotage
- ...

Afin de pouvoir **définir la grille de sélection appropriée au contexte projet, à l'organisation et à l'environnement** dans lesquels il se déroule.

⇨ <u>Exemple de grille d'orientation et de décision :</u>

Critères	• Pilotage et contrôle budgétaire imposés • Gestion des risques • Périmètre clair, précis, défini	• Flexibilité du contenu • Exploration • Relancer une dynamique dans un projet en cours • Maximisation de la valeur	• Flexibilité et variabilité du rythme • Complexité • Multi métiers • Multi dépendances • Multi méthodes • Obligations techniques / légales / de conformité • Maximisation de la valeur • Gestion des risques
Type de projet	Classique, maîtrisé, connu ⬇	Innovant ⬇	Complexe ⬇
	Waterfall	**Agile, Agile à l'échelle**	**Hybride**

- Dimension humaine

Exemple de points de vigilance :

- Je reconnecte l'engagement de l'équipe aux objectifs du projet, en veillant à la variabilité des rythmes de production des fonctionnalités (éviter une vélocité non soutenable, continue et sans respiration).

- J'optimise la charge de travail, et je trouve un équilibre entre le flux tiré (Agile) et le flux poussé (Waterfall) selon la capacité de l'équipe.

- Je fais évoluer l'état d'esprit et le comportement des membres de l'équipe : accompagner la compréhension des principes de l'agilité et en intégrer les valeurs.
- Je clarifie le choix méthodologique qui se revendique Agile, mais dont la gestion en processus est entièrement Waterfall.
- Je définis avec le client et les parties-prenantes de l'écosystème projet, la façon de travailler.
- J'aligne dès le démarrage avec le client, les utilisateurs finaux, sur le mode de gestion du projet et les règles du jeu.
- Je précise les rôles et responsabilités au sein d'un même projet, et plus largement au niveau de l'organisation : chef de projet, Product Owner, Scrum Master, Product Leader, Project Leader.
- Je promeus le développement des connaissances et de compétences suffisantes pour évoluer dans un monde hybride, ce qui nécessite de produire un effort de formation et d'accompagnement pour les maîtriser.

- Conclusion

La démarche hybride doit être mise en place au niveau global de l'organisation, dans une vision de bout-en-bout, pour garantir son excellence opérationnelle.

Pour hybrider, le prérequis incontournable est de bien connaître Waterfall et Agile, et d'en comprendre les forces et les limites. Les échecs rencontrés dans nos projets, lors de la mise en œuvre de l'une ou l'autre approche, sont souvent liés au non-respect des fondamentaux de chacune d'entre-elles : processus, rituels, artefacts, rôles et responsabilités...

L'hybridation n'est pas un mode projet dégradé conjuguant ces deux approches, c'est au contraire **une synthèse dynamique et maîtrisée des deux modes**, afin de livrer la valeur attendue dans les coûts et les délais.

Situation H : Comment la Chaîne Critique peut éviter les retards de livraison d'une solution constituée de sous-projets exécutés parallèlement en Waterfall et Agile ?

- **Contexte**

Cette situation a été traitée de manière théorique, sans se référer à un cas réel.

Qu'est-ce que la Chaîne Critique ?

La Chaîne Critique est un outil de management pour piloter le projet. Il met l'accent sur la mutualisation des sécurités de l'échéancier, pour créer un « buffer » commun, en temps, qui permet de piloter l'avancement des projets en fonction de sa consommation.

L'indicateur clé est le « Fever Chart », ce graphe de température du projet qui mesure dynamiquement le ratio d'avancement de l'exécution des tâches critiques du projet, en fonction de la consommation du temps « buffer » nécessaire, pour se protéger des aléas d'exécution.

- **Gouvernance**

Le pilotage par les flux

- En « Waterfall » on pousse les tâches selon une logique d'exécution.

- En Agile, on tire les tâches dans une démarche d'élaboration progressive.

- En hybride, on réconcilie ces deux approches en se concentrant sur le débit.

Avec la méthode de la Chaîne Critique, nous mesurons l'avancement par rapport au « reste à faire » (RAF) réel, c'est-à-dire tel qu'estimé en phase d'exécution. Ceci nous affranchit des erreurs d'estimation à la planification, c'est-à-dire au moment où l'on ne connait pas vraiment l'ampleur de la tâche, en termes de fonctionnalités, de délais, de ressources disponibles, de moyens affectés, et de difficultés qui apparaissent au fur et à mesure de l'exécution.

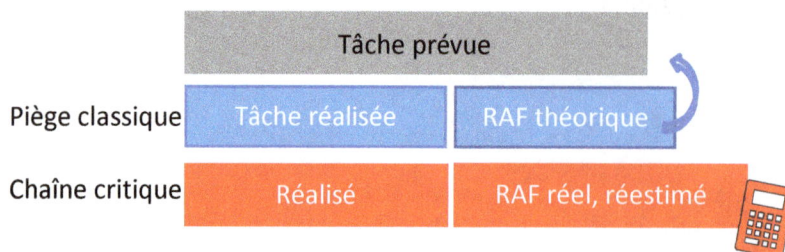

Un point de synchronisation : le buffer

Imaginons que les deux branches du projet aient besoin d'un point de synchronisation lié à une logique de contenu sur livrables des sous-ensembles : chaque sous-ensemble estime la durée de son effort pour planifier sa livraison (selon la performance attendue).

Le réseau ainsi constitué peut correspondre au schéma ci-dessous.

Nous pouvons donc imaginer une mesure commune, qui permet de piloter l'avancement relatif des deux parties (les activités en méthode « Waterfall » et celles en méthode Agile) d'un même projet. Cela se traduit par une **mutualisation de buffers homogènes**.

Illustration des points de synchronisation possibles

Si le chemin critique (figuré en rouge dans le schéma ci-dessous) se trouve sur la partie projet qui est en méthode « Waterfall », un buffer mutualisé couvre la chaîne la plus longue. Afin de garder le chemin critique le plus stable possible, c'est-à-dire éviter que les chemins secondaires deviennent critiques, un buffer secondaire est ajouté sur chaque chaîne secondaire.

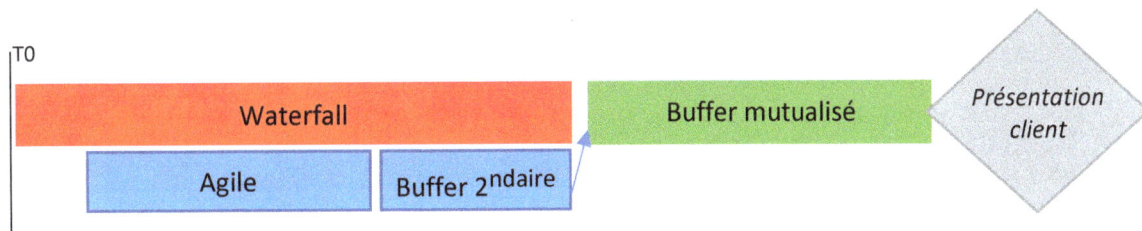

Si la partie Agile prend du retard, le buffer secondaire est donc consommé, le chemin critique change et se retrouve positionné sur la partie projet qui est exécutée en Agile. Pour garantir la présentation au client à la date convenue (le livrable piloté), le buffer mutualisé commence à être consommé par l'équipe Agile :

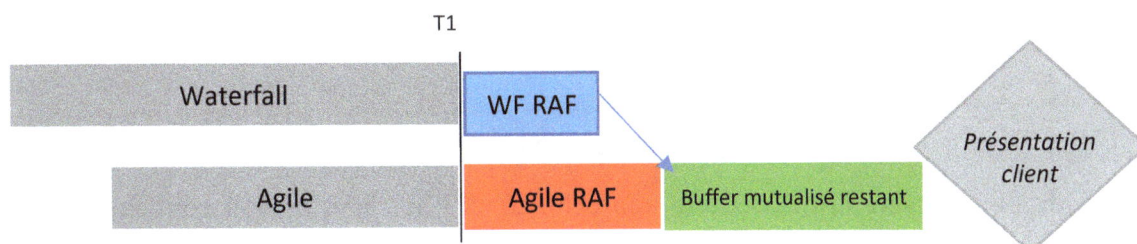

43

La pratique existante de la Chaîne Critique s'adapte donc aux projets hybrides en permettant de piloter des équipes qui travaillent avec des approches différentes sur un même projet.

Pour un pilotage de portefeuille efficace, dans la perspective de ressources partagées, il est nécessaire que l'ensemble des projets adopte la méthode de la Chaîne Critique pour une réconciliation dans le « *Fever Chart* » et un arbitrage objectif.

- ## Cadre méthodologique

Comment la chaîne critique peut être un outil de réconciliation des projets hybrides ?

Note : Dans cette analyse, l'hybridation signifie que sur les deux composantes d'un même projet, l'une est en Waterfall, l'autre est en Agile, et elles doivent être menées en parallèle.

S'affranchir des contraintes et conserver le meilleur des deux approches

Ne garder que les contraintes incontournables, imposées, non négociables. Par exemple, la date du livrable final, le point d'intégration / synchronisation / test entre les sous-projets. Supprimer les fausses contraintes, comme les dates de revues de processus, la disponibilité des ressources, éviter des dates figées à l'issue de chacune des phases du processus pour agréger un engagement unique dans chaque projet, supprimer le cadre des efforts à durée fixe...

Une similitude : la difficulté à estimer

Quelle que soit l'approche, la difficulté d'estimer correctement des durées et la complexité persiste. Il en résulte donc une imprécision importante, où chacun préfère ajouter des sécurités afin de ne pas se mettre en difficulté.

Il ne faut pas avoir l'ambition de trouver l'estimation juste. Les estimations sont toujours fausses. La méthode de la Chaîne Critique nous permet de piloter en acceptant ces incertitudes.

- ## Dimension humaine

L'impact pour le client : Les engagements vis-à-vis du client (livrables) sont sécurisés par la méthode de la Chaîne Critique. Cette approche conduit le client à avoir confiance dans le pilotage du projet par le chef de projet et son équipe. Le partage du « Fever Chart » permet de lui donner la visibilité nécessaire sur l'avancement du projet.

L'impact pour l'équipe : Avec la Chaîne Critique, nous cassons les cloisons entre les deux équipes d'un même projet hybride, et alignons leurs modes de fonctionnement, en mettant de la flexibilité. Les réunions adoptent un langage commun (reste à faire, consommation de buffer) et un indicateur unique, le « Fever Chart ». Le chef de projet pilote les deux équipes, l'une Waterfall, l'autre Agile, de manière homogène.

• Conclusion

Issue de la Théorie des Contraintes, notamment appliquée au monde industriel de la production et à la gestion des flux facilitée au niveau des goulots d'étranglements, la méthode de la Chaine Critique s'applique à l'approche Waterfall. Également adaptée en mode Agile, elle propose un cadre de macro-planification globale. En considérant la combinaison des deux approches, **elle est une pratique recommandée en mode hybride**.

Les bénéfices principaux de la Chaine Critique dans les projets hybrides sont :

- La **réconciliation** de deux modes de gestion de projet traditionnellement perçus comme opposés.
- La **possibilité pour chaque équipe de continuer à travailler dans un mode connu** (pas d'ingérence) tout en sachant s'interfacer avec une équipe qui travaille différemment.
- La **mise en place d'un langage commun** au sein des équipes.
- La **synchronisation** du travail des équipes sur des livrables projets partagés.
- La focalisation sur le **Reste à Faire (RAF)** pour garder une vision synthétique et réelle de l'avancement du projet.
- **L'utilisation d'un indicateur unique** le « Fever Chart » comme outil de pilotage efficace en toutes circonstances.

3. Glossaire

- **Definition of Done (DoD) :** Ensemble des critères à remplir pour pouvoir considérer une user story ou une tâche comme terminée (développée, testée, validée, acceptée, transférée).

- **Definition of Ready (DoR) :** Ensemble des critères permettant de définir une user story ou une tâche (contexte, contraintes, clarté de la définition, estimations, etc.).

- **Indicateur clé de performance (ICP) :** Élément chiffré permettant d'évaluer la performance d'un processus/service.

- **Objectifs et Résultats Clés (OKR) :** Il s'agit d'un système de management pour définir des objectifs, les décliner à tous les niveaux et les associer à des résultats clés qui doivent être suivis. Ces derniers concourent à la réussite de l'objectif.

- **Buffer (tampon) :** Mutualisation en temps des marges réparties sur les différentes tâches du projet pour éviter leur gaspillage et faciliter le pilotage (voir définition du Fever Chart). Le buffer projet est modélisé sous forme d'une tâche pour protéger une date d'engagement clef dans un projet (fin de projet, facturation, livrables, etc.)

- **Effet tunnel :** il est souvent associé au fait d'avoir une seule livraison à la fin du (long) projet, ce qui fait que les utilisateurs n'ont de visibilité sur le livrable que très tardivement, d'où un risque élevé de mauvaises surprises.

- **Fever chart** (tableau de suivi visuel de l'avancement d'un projet) **:** Graphe qui visualise la « santé » du projet, en indiquant le statut du projet lors de sa dernière mise à jour. Il matérialise l'index buffer en positionnant en abscisse le pourcentage d'avancement de la chaîne critique et en ordonnée le pourcentage de consommation du buffer. Au niveau d'un portefeuille projet, ce graphe visualise la « santé » du portefeuille de projets, en indiquant à un moment donné la position de chacun des projets le constituant.

- **Théorie des Contraintes (TOC) :** Acronyme pour « Theory of Constraints » - Théorie développée par E. Goldratt et mise en scène dans « Le But ».

- **Chaîne Critique :** pratique de management de projet (regroupant référentiel, comportements, règles et outil) permettant de gérer les aléas et de finir les projets "à l'heure". Notion de chaîne critique dans un planning représente la chaîne de tâches la plus longue basée sur le lien fonctionnel (chemin critique) et sur la capacité des ressources.

- **CCPM** : Acronyme pour « Critical Chain Project Management » : management des projets par la Chaîne Critique - Quelques liens :

  https://dantotsupm.com/2013/08/09/respecter-ses-delais-en-projet-cest-possible-par-isabelle-icord/

  https://www.proccconseil.com/_files/ugd/33a18e_a0d2654eee7e4f77b11f7c3edd8a8791.pdf

- **Matrice de Stacey :** outil pour prendre connaissance du degré de complexité d'une situation selon deux axes 1- le niveau d'incertitude du « quoi » (objectifs, périmètre, réalisations projet) et 2- le niveau d'accord face à la situation (contexte de réalisation du projet) : le « comment ».

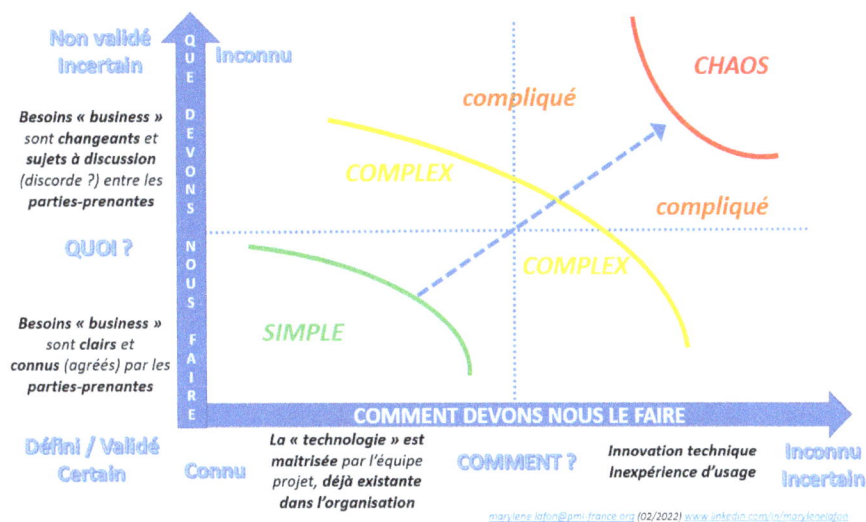

- **Project Scope :** Périmètre du projet, ou contenu du projet.

- **Product Backlog :** Le backlog produit est une liste d'éléments, ou de fonctionnalités nécessaires, pour atteindre les objectifs, ou définir les attentes au sein d'une équipe Agile, le tout classé par ordre de priorité.

- **MVP (Minimum Viable Product) :** version d'un produit permettant d'obtenir le maximum de retour client (satisfaction) pour le minimum d'effort.

- **PMO (Project Management Office) :** Tour de contrôle des projets.

- **Tollgate :** Revue de décision placée dans le projet à des moments clés de sa feuille de route (fin de phase, livrable majeur...), utilisant une liste de vérification, dont l'ensemble des critères doivent être obligatoirement renseignés et validés pour obtenir le Go.

www.ingramcontent.com/pod-product-compliance
Lightning Source LLC
Chambersburg PA
CBHW081748200326
41597CB00024B/4439